Raximbayeva Madina Murodjon qizi

Oilada ijtimoiy-iqtisodiy, ma'naviy-axloqiy, huquqiy tarbiyani amalga oshirishning pedagogik asoslari

© Raximbayeva Madina

Oilada ijtimoiy-iqtisodiy, ma'naviy-axloqiy, huquqiy tarbiyani amalga oshirishning pedagogik asoslari

by: Raximbayeva Madina

Edition: February '2025

Publisher:
Taemeer Publications LLC (Michigan, USA / Hyderabad, India)

ISBN 978-93-6908-188-2

© **Raximbayeva Madina**

Book	:	Oilada ijtimoiy-iqtisodiy, ma'naviy-axloqiy, huquqiy tarbiyani amalga oshirishning pedagogik asoslari
Author	:	**Raximbayeva Madina**
Publisher:	:	Taemeer Publications
Year	:	'2025
Pages	:	78
Title Design	:	*Taemeer Web Design*

Raximbayeva Madina Murodjon qizi 2001-yil 4-fevralda Xorazm viloyati Yangibozor tumanida tug'ilgan. Hozirgi kunda Urganch davlat Pedagogika Instituti Pedagogika fakulteti Pedagogika yo'nalishi talabasi. U o'zining oliy ta'limda o'qishi jarayonida "Magistr" loyihasini ishlab chiqib talabalarga bepul ilmiy va publisistik maqola yozish sirlarini o'rgatib kelmoqda.

U tengdoshlari orasida tirishqoqligi, intiluvchanligi bilan ajralib turadi. Raximbayeva Madina "Nodirai davronlar" ko'rik tanlovining viloyat bosqichi faol ishtirokchisi, "Milliy demokratik partiya" a'zosi bo'ldi. Bundan tashqari Institutda Creativ 2 new jamoasi faol a'zosi, UrDPI "Qizlarjon" klubi qoshidagi "Yosh ijodkorlar" to'garagining a'zosi. Ilmiy va publistitik maqolalar yozish bilan shug'ullanadi. "Yoshlar oyligi" doirasida o'tkazilgan "YOSHLAR-III RENESANS BUNYODKORI" mavzusidagi ilmiy amaliy anjuman faol ishtirokchisi. Talabalar turar joyida o'tkazilgan sport musobaqasida I - o'rin olgan. Germaniyaning GLOBE_EDIT nashriyotida ijodiy ishlari chiqqan. Respublika miqiyosida o'tkazilgan "ECO MARAFON" loyihasining 3- mavsumi faol ishtirokchisi. "MA'RIFAT YULDUZLAR" nomli formiga bag'ishlangan konferensiya ishtirokchisi. "Travel Uzbekistan" forumining I – mavsumida faol ishtirok qilgan.

Butun Rossiya talabalari onlayn olimpiadasida Pedagogika yo'nalishida I – o'ringa sazovor bo'lgan. "ONA TILIM IFTIXORIM" tanlovida audioshe'r yo'nalishida faol ishtirok qilib faxriy yorliq bilan taqdirlangan.

MUNDARIJA

KIRISH ...6

I bob Oila tarbiyasi metodi, shakl va vositalari ...10

II bob Oilada tarbiya asoslari ...15

III bob Oilada ekologik tarbiya ...21

IV bob Oilada bola tarbiyasida ota-onaning o'rni ...27

V bob Yevropa Uyg'onish davri mutafakkirlari asarlarida oila tarbiyasi masalalarining yoritilishi ...32

VI bob Ijtimoiy xavflarni oldini olishda mafkuraviy immunitetni shakllantirishining pedagogik jihatlari ...39

VII bob Konstitutsiya- jamiyat farovonligining huquqiy asosi ...46

VIII bob Oilada farzand tarbiyasi ...50

IX bob Dog'u batı düşünürlerinin gnoseologik

fikirleri sürecinin temeli olarak ...55

X bob Oilada bolalarga iqtisodiy tarbiya berishning oʻziga xos xususiyatlari ...60

XI bob Oilada farzandlarni ma'naviy tahdidlardan himoya qilish ...65

XII bob Tarbiyada oilaviy muhitning oʻrni ...70

Foydalanilgan adabiyotlar roʻyxati ...75

KIRISH

Shaxsning rivojlanishiga ko'plab omillar va institutlar ta'sir qiladi, lekin oila birinchi navbatda shaxsni huquqiy, ijtimoiy, fuqarolik jihatdan shakllantirish va tarbiyalashda ishtirok etadi. Tarbiyaviy ahamiyatga ega bo'lgan ijtimoiylashuv jarayoni aynan oilada sodir bo'lishi adabiyotlarda qayta-qayta ta'kidlangan. Shaxsni shakllantirishning birlamchi omillari: oiladagi axloqiy muhit, ijtimoiy munosabatlar, oilaviy qadriyatlar tizimi, axloqiy ideallar, oilaviy an'analar madaniyati. Shubhasiz, ular qonuniy ahamiyatga ega bo'lgan xatti-harakatlarga ham ta'sir qiladi. Ilmiy fikr adolatlidir, unga ko'ra shaxs va jamiyatning psixologik uyg'unlashuvi, insonning ijtimoiy muhitga muvaffaqiyatli moslashishi huquqiy uyg'unlik, shaxs va jamiyat, uning tuzilmalari o'rtasidagi muvaffaqiyatli o'zaro munosabatlarning hal qiluvchi shartidir. Shu munosabat bilan oilaning ijtimoiy va ma'naviy institut sifatidagi rolini ortiqcha baholab bo'lmaydi. Bola huquqlarini ta'minlashda uning oilasi muhim rol oʻynaydi, har bir oilada individual oilaviy muhit yaratiladi va bolalarni tarbiyalash usuli tanlanadi. Ota-onalarning pedagogik qarashlari, ularning hayot istiqbollari, bolalarning kelajagi va bu maqsadlarga erishish uchun nima zarurligi haqidagi gʻoyalari bilan bogʻliq. Oilada bola oʻzining birinchi individual koʻnikmalarini oladi va ularni boshqa odamlar bilan munosabatlari orqali amalda qoʻllaydi, kundalik muloqotning turli vaziyatlarida uning xatti-harakatlarini tartibga soluvchi me'yor va qoidalarni oʻrganadi. Oila insonning ma'naviy ta'sirini butun umri davomida his qiladigan yagona tarbiya muassasidir. Oila tarbiya jarayonida bolalarda xulq-atvor koʻnikmalari shakllanadi, uni baholash mezonlarini oʻrganadi, nima yaxshi va nima yomon, ruxsat etiladi va nima taqiqlanadi, nima haqida tasavvur hosil qiladi. Nima adolatli va nima adolatsiz? Shuning uchun bolaning ota-onasi oʻsib borayotgan bolaning shaxsini shakllantirishining asosi qonunga, huquqlarga hurmat bilan munosabatda boʻlishni ta'minlashga intilishi kerak. Shuning uchun har bir ota-ona oila va bolaning huquqlarini belgilovchi xalqaro hujjatlarni bilishi kerak. Bolaning huquqi va qadr-qimmati xalqaro va O'zbekiston qonunchiligi bilan himoya qilinadi.

Oilani jamiyatning taraqqiyotida tutgan o'rni va ishtirokini yanada oshirish, oilalarning huquqiy, ijtimoiy, iqtisodiy, ma'naviy-axloqiy manfaatlarini va farovonligini yaxshilashni davlat tomonidan qo'llab quvvatlashni kuchaytirish hamda izchil ta'minlash maqsadida O'zbekiston Respublikasida 1998-yil "Oila yili" deb e'lon qilingan. Shunga asosan, oila manfaatlarini ta'minlash borasida amalga oshiriladigan tadbirlar ro'yxati ishlab chiqildi. Oilaviy hayot masalalarini huquqiy tartibga solishga bag'ishlangan O'zbekiston Respublikasining "Oila kodeksi" qabul qilingan.

Oilani jamiyatning taraqqiyotida tutgan o'rni va ishtirokini yanada oshirish, oilalarning huquqiy, ijtimoiy, iqtisodiy, ma'naviy-axloqiy manfaatlarini va farovonligini yaxshilashni davlat tomonidan qo'llab quvvatlashni kuchaytirish hamda izchil ta'minlash maqsadida O'zbekiston Respublikasida 1998-yil "Oila yili" deb e'lon qilingan. Shunga asosan, oila manfaatlarini ta'minlash borasida amalga oshiriladigan tadbirlar ro'yxati ishlab chiqildi. Oilaviy hayot masalalarini huquqiy tartibga solishga bag'ishlangan O'zbekiston Respublikasining "Oila kodeksi" qabul qilingan.

OILA TARBIYASI METODI, SHAKL VA VOSITALARI

Oila ikki ustundan iborat: Birinchisi - iqtisod, ikkinchisi - ma'naviyat. Oilani shu ikki ustundan birisiz tasavvur etib bo'lmaydi. Lekin iqtisodda imkoniyatdan, ma'naviyatda sharoitdan kelib chiqmoq kerak. Shunda oila mustahkam qo'rg'onga aylanadi. Eng do'zaxi ayol - eri imkoniyati darajasidan ortiq talab etuvchi ayoldir, - deb uqtiriladi muborak hadislarda. Oilada shaxsni axloqiy shakllantirish bolaning tug'ilishidan boshlanadi. U ko'pgina omillar ta'sirida tarkib topadi. Bu omillar oilaviy munosabatlar xarakteri, ota - onalarning namunasi, ulardagi umumta'lim darajasi, umummadaniy saviyasi, hamda ularning pedagogik madaniyati va nihoyat oilaviy hayotning tashkil etilishidan iborat. Bu omillar oilada bolani axloqiy tarbiyalashning mazmunini tashkil etadi va ular bir qator pedagogik xususiyatlarni o'z ichiga oladi. Bular quyidagilardan iborat:

1. Ayrim oilalarda bolalarning tarbiyasi faqat

onalar zimmasida, ota esa bu ishdan o'zlarini chetga oladilar. Go'yo farzandlarini bog'cha, maktab tarbiyalab berishlari shart. Tarixiy tajriba shundan dalolat beradiki, qadimdan o'g'il bolalar tarbiyasi bilan otalar, qiz bola tarbiyasi bilan onalar shug'ullanganlar, ammo ular asosan erkaklar nazoratida bo'lgan;

2. Ota - onalar bolalarga birdek munosabatda bo'lishlari, bir xil mehribon va g'amxo'r, talabchan va qattiqqo'l bo'lsalar bolalar hayoti butun va mukammal bo'ladi. Biri talab qilganda, ikkinchisi yonini olsa tarbiya buziladi. Bolalariga haddan tashqari mehribonchilik qilayotgan ota - onalar ularni hurmat qilishdan oldin, o'zlarini ham hurmat qilishni o'rgatishlari zarur;

3. Ko'pgina ota - onalar bolalarini tarbiyalash borasida o'z vazifalari va burchlarini to'la his qilmaydilar.

4. Boshqacharoq aytganda ularda pedagogik tayyorgarlik yetishmaydi. Zotan oilaviy tarbiya, avvalo ota - onalarning o'zlarini - o'zlari tarbiyalash demakdir.

Chunki bola ayni paytda ta'sir ob'ekti va

sub'ektidir. Biroq ota - ona bola ana shunday ob'ekt ekanligini sezmasligi uchun harakat qilishi kerak. Ammo barcha ota - onalar ham buni tushinib yeta olmaydilar;

5. Har bir ota - ona bolasini barkamol inson bo'lishini istaydi. Farzandini ana shunday inson bo'lishidan nafaqat ularning o'zi, balki jamiyat ham manfaatdor. Ota - onaning fuqarolik burchi ham shuni taqozo etadi. Shunga ko'ra har bir ota - ona, eng avvalo mamlakat uchun bo'lajak fuqaroni tarbiyalayotganini unutmasligi lozim.

Oila sharoitida uyushtirilayotgan suhbatlar alohida diqqatga sazovordir. Ommaviy axborot vositalari orqali aholi e'tiboriga havola etilayotgan huquqiy mavzulardagi maqolalar, ko'rsatuv, eshittirish, shuningdek, ommaviy - huquqiy adabiyotlar hamda ularda ilgari surilgan g'oyalar yuzasidan o'tkaziladigan suhbatlar bolalarda huquqiy tasavvur, idrok, savodxonlik, tafakkur, faollik, mas'ullik, e'tiqod va salohiyatni qaror topishiga olib keladi. Oila muhitida bolalarga ularning burchlari to'g'risidagi ma'lumotlarni berib borish, o'z navbatida huquqlaridan foydalanish yo'llarini ko'rsatib berish bu borada yaxshi samara bera oladi. Oila bolalarda vatanparvarlik, insonparvarlik tuyg'ularini hosil qiluvchi o'ziga xos maskan sanaladi. Bolalar ,,Vatan", ,,xalq" tushunchalarining mohiyatini dastlab ana shu maskanda o'zlashtiradilar. Binobarin, oilaning o'zi Vatanning bir bo'lagidir. Oila sha'nini himoya qilish, uni saqlash to'g'risida qayg'urishning Vatanning sha'ni, el - yurt manfaati uchun kurashish tuyg'ulari bilan uzviy bog'liq bo'lishiga erishish oilada tashkil etilayotgan ijtimoiy-siyosiy tarbiyaning asosi bo'lishi lozim. Yuqorida qayd etilgan tarzda oila tarbiyasini tashkil etish komil insonni tarbiyalab voyaga yetkazish muvaffaqiyati uchun poydevor bo'ladi. Farzandlarning har tomonlama yetuk bo'lib voyaga yetishlarida ota - ona, oilaning boshqa a'zolarining dunyoqarashlari, hayotiy yondashuvlari va ma'naviy dunyosi o'ziga xos o'rin tutadi. Shuningdek, ota - onalarning muayyan darajada pedagogik bilimlarga ega

bo'lishlari ham ahamiyatlidir. Oila va ta'lim muassasalari o'rtasida tashkil etilgan hamkorlikning bosh g'oyasi ota - onalar uchun pedagogik yordam ko'rsatishdan iboratdir. Farzand dastlabki ma'lumot va ijtimoiy me'yorlarga amal qilish borasidagi ko'nikmalarga oilada ega bo'ladi.

Oila tarbiyasida doimiy tarbiyaviy ta'sirchan kuch - oilada ruhiy xotirjamlik, samimiy munosabat, ota - ona obro'sining yuqori bo'lishi, bolalarga talab qo'yishda oila kattalari o'rtasidagi birlikning saqlanishi, bola shaxsini mehnatga tarbiyalashga alohida e'tibor berish, bolani sevish va izzatini joyiga qo'yish, oilada qat'iy rejim va kun tartibini o'rnatish, bolaning yosh va shaxsiy xususiyatlarini hisobga olish, boladagi o'zgarishlarni kuzatib borish, undagi mustaqillikka intilish va tashabbuskorlik sifatlarini qo'llab - quvvatlash va hokazolar. Oila tarbiyasi yuqorida ta'kidlab o'tilganidek, ota onalar yoki shaxs kamoloti uchun ma'sul shaxslar tomonidan tashkil etiluvchi hamda farzandlarni har tomonlama har tomonlama yetuk, sog'lom etib tarbiyalashga yo'naltirilgan pedagogik jarayon.

OILADA TARBIYA ASOSLARI

Oila tarbiyasi — oilada ota-ona, vasiy yoki katta kishilar tomonidan bolalarni tarbiyalashda, yosh avlodning har tomonlama rivojlanishida muhim o'rin tutadi. Oila tarbiyasida doimiy tarbiyaviy ta'sirchan kuch - oilada ruhiy xotirjamlik, samimiy munosabat, ota-ona obro'sining yuqori bo'lishi, bolalarga talab qo'yishda
oila kattalari o'rtasidagi birlikning saqlanishi, bola shaxsini mehnatga tarbiyalashga alohida e'tibor berish, bolani sevish va izzatini joyiga qo'yish, oilada qat'iy rejim va kun tartibini o'rnatish, bolaning yosh va shaxsiy xususiyatlarini hisobga olish, boladagi o'zgarishlarni kuzatib borish, undagi mustaqillikka intilish va tashabbuskorlik sifatlarini qo'llab-quvvatlash shular jumlasidandir. Oila qanchalik tartibli, uning a'zolari o'rtasidagi munosabat samimiy bo'lsa, oila tarbiyasi ham shunchalik muvaffaqiyatli bo'ladi. Oila tarbiyasida ota-ona obro'si, ularning kuzatuvchanligi, sezgirligi, hozirjavobligi muhim tarbiyaviy ahamiyatga ega. Oila tarbiyasida

tarbiya jarayoni zerikarli, quruq nasihatgo'ylikdan iborat bo'lib qolmasligi lozim. Bola hayotining ko'p qismi oilada o'tadi. Shu boisdan mavjud an'analar, urf-odatlar, rasm-rusumlar va marosimlarning ijobiy ta'sirida bola asta-sekin kamol topib boradi. An'ana va marosim oila tarbiyasining qudratli qurolidir. Oila tarbiyasi ijtimoiy tarbiya bilan uzviy aloqada bo'lsagina, kutilgan natijalarga erishish mumkin. Oila tarbiyasida yutuqlarga erishish ota-onalarning pedagogik bilimlarga egaligi, oila tarbiyasi bo'yicha tajribalar almashishi, ota-onalarni tarbiyaviy ishlarga qizg'in jalb qilishga ham bog'liqdir. Har bir ota-ona oila tarbiyasida o'zlarining burch va mas'uliyatlarini chuqur anglashlari lozim. Normal oilaviy muhit, bolani kitob o'qishga, mehnat qilishga o'z vaqtida jalb etish ham oila tarbiyasining muvaffaqiyati garovidir. Oilada ota yoki onaning yo'qligi yoki ulardan birining ketib qolishi Oila tarbiyasiga katta zarar yetkazadi. Ularning bolaga beradigan tarbiyaviy ta'sir kuchi yo'qoladi, Oila tarbiyasidagi muvozanat buziladi. Bunday sharoitda bola qalbi qattiq jarohatlanadi, u tajang, serjahl, qoʻpol, dagʻal boʻlib qoladi, kattalarga ishonmay qoʻyadi, oʻqishi pasayib ketadi. Oila tarbiyasida otaning obroʻsi katta ahamiyatga ega. Bolalarni barkamol inson qilib yetishtirishda maktabni oila bilan bogʻlamasdan muvaffaqiyatga erishib boʻlmaydi. Shuning uchun oila tarbiyasida maktab va ota-onalar oʻrtasidagi ta'lim-tarbiyaga oid birgalikdagi ishlari katta ahamiyatga ega. Ota-onalarning oʻqituvchilar bilan

boʻlgan uchrashuvlarida aytilgan fikrlar, ayniqsa qimmatlidir. Chunki ular oʻz farzandlari toʻgʻrisida koʻproq narsalarni bilib oladilar. Shuning uchun bola tarbiyasining tub mohiyatini tushungan har bir ota-ona oila bilan maktab oʻrtasidagi hamkorlikni mustahkamlashga intiladi. Bola maktabni tamomlagunga qadar ota-ona maktab bilan yaqin aloqa oʻrnatishi, farzandining darslarini oʻzlashtirishi, xulq-atvoridan xabardor boʻlib turishi, tarbiya masalalarida oʻqituvchi, sinf rahbari bilan maslahatlashib turishi, bolaning darsdan soʻng nima bilan mashgʻulligi haqida oʻqituvchi va sinf rahbarini xabardor qilib turishi lozim. Oʻz navbatida oʻqituvchi va sinf rahbari ham bolaning o'qishi, odobi, xulqi, maktabda o'zini tuta bilishi haqidagi ma'lumotlarni ota-onaga yetkazishi, zarurat tug'ilganda paydo bo'lgan muammolarni birgalikda hal qilishi zarur. Farzandi maktabga borgan ota-ona maktab jamoasining a'zosi bo'lib qolishi kerak. O'qituvchi va sinf rahbari ham o'z o'quvchisining oilasi bilan mustahkam ham-korlikni yo'lga qo'ymog'i lozim. Oila tarbiyasida ota-onalarning mahalla faollari, mehnat faxriylari bilan hamkorliklari ham muhim. Oila tarbiyasi farzandlarning har tomonlama kamol topishi uchun qulay sharoitlar yaratilsagina muvaffaqiyatli bo'lishi mumkin. Oila tarbiyasida har bir oila o'ziga xos xususiyatlarni namoyon qiladi. Farzand uchun ota-onalar hamma narsani hal qilsalar, albatta, zo'r amalga oshadi.Shuning uchun ham ota-onalar bolaning yo'lida uchragan hamma qiyinchiliklarni o'zlari hal qiladilar, lekin bolaga har doim ham tez yordam berish uchun bu bola doimo ularning yonida bo'lishi kerak bo'ladi. Qiyinchiliklarsiz yashash evaziga bola o'z ozodligi va mustaqilligi bilan to'lashiga to'g'ri keladi. Lekin u bolani qo'rqitmaydi. Kun kelib, ota-ona hayotdan ketadi va bola yolg'iz qoladi. Yoshi bo'yicha katta inson, lekin shunchalar ojizki...

Aslida, ota-onalarning vazifasi bolaning qiyinchiliklarni hal qilishga yordam berish, zo'r berib bu qiyinchiliklarni yengib o'tishni o'rgatishdir. Bu xuddiki, chiniqishga o'xshaydi. Agar shunday tarbiya bo'lsa, bola necha yosh bo'lishidan qat'iy nazar, qiyin vaziyatlarga uchraganda o'zini qo'lga olib: "Hechqisi yo'q, buni

ham hal qila olaman", deb aytadi. Ota-onalarning nazorati har xil bo'ladi: himoya
qiluvchi, yo'naltiruvchi, bo'luvchi, g'ashga teguvchi, o'zidan itaruvchi nazorat turlari bo'lishi mumkin. Ota-onalar vaqtida nazoratni susaytirishni eplay olmasa, nazorat birinchi turdan boshqa turga o'tishi mumkin. Ikki yoshli bola kun davomida nima yeyishini ona nazorat qilishi oddiy va tabiiy hol, ayniqsa, unda allergiya bo'lsa. Mana endi bola yetti yoshga to'ldi va uni sinfdoshining tug'ilgan kuniga taklif qilishdi. Atrofda bolalar ko'p, hammayoq shovqin-suron

va xursandchilikka to'la. Bolalar bir-bir stol yoniga kelib biror nima yeyishga olib yana o'ynashga chopib ketishadi. Onalar berilib suhbat qurishadi. Faqatgina bir ona bolasini nazorat qilish bilan mashg'ul: stoldan zararli, allergiya qo'zg'atuvchi biror narsa olib qo'yishi mumkin emas-da. "Bolam hozirgina nima olding?! Konfetni joyiga qo'yib qo'y! Bo'lmasa biz hoziroq ketamiz!" Bolaning har bir qadami onasi tomonidan nazoratga olinadi. Nazorati davomida " Stol ustidan menga bildirmay konfet olib qochsang ko'rasan!" deb ham qo'yadi. Balki bu safar bu ishni bajarish o'g'lining qo'lidan kelmas, lekin aniq aytishim mumkinki, bu o'yin keyingi safar ham davom etadi. Uning nazorati g'ashga tegishni boshlaydi va onani boladan uzoqlashtiradi.Xulosa qilib aytganda, farzand tarbiyasida yumshoqlikka ham, qattiqqo'llikka ham yo'l qo'yib bo'lmaydi.

OILADA EKOLOGIK TARBIYA

Ma'lumki, hozirgi zamon fan-texnikasining jadal rivojlanishi tabiiy muhitga salbiy ta'sir ko'rsatadi. Natijada murakkab ekologik muammolar kelib chiqdi. Ularni hal qilish uchun yoshlarni, ya'ni o'sib kelayotgan yosh avlodni yuqori saviyada ekologik ma'lumotli va tabiat qonunlarining bilimdoni, ekologiyaga oid muammolarni hal qila oladigan mutaxassislar qilib tayyorlashimiz zarur bo'lib qoldi.

Jamiyatning tabiatga ta'siri kundan kunga oshib borayotgan davrda ekologiya faniga qiziquvchilar safi borgan sari kengayib bormoqda, lekin hamma ham ekolog bo'la olmaydi.Tabiiy voqelikni tushinib, ularning kelib chiqish sabablarini aniqlab, salbiy holatlarini tuzatishga ijobiy yondashadigan, tabiat qonunlarini inobatga olibgina qolmasdan, balki ular asosida o'z hayot faoliyatlarini tuza oladigan kishilargina ekolog bo'la oladilar.

Oilada bolalarga ekologik tarbiya madaniyatini tarkib toptirish, ularga tabiat atrof-muhit, bizni qamrab olgan tevarak, olam bilan qanday munosabatda bo'lishni o'rgatish va tashkil etish ta'lim tizimining dolzarb masalasiga aylandi. Bugungi kunda tabiatni o'rganish, unga mehr qo'yishning o'zi kamlik qiladi, albatta. Biz uni e'zozlashni, boyliklariga boylik qo'shishni ham uddalashimiz lozim. Muhitimiz musaffo bo'lishi uchun hammamiz ham ma'suldirmiz. Yerdagi tabiiy manbalardan ko'proq boyliklar olish, tabiat manbalarini asrab-avaylashning eng muhim yo'li o'sib kelayotgan avlodni tabiatni asrashga oid ekologik bilimlardan xabardor qilish - ularga ekologik tarbiya berishdir. Tabiat bilan yaqin munosabatda bo'lishi insonga ijobiy ta'sir qiladi, uni sofdilroq, muloyimroq, qilib qalbida eng yaxshi his - tuyg'ularni uyg'otadi. Shuning uchun bolalar tarbiyasida ekologik tarbiyaning roli ayniqsa kattadir. Bolalarni tabiat bilan, yilning turli fasllari, unda ro'y beradigan o'zgarishlar bilan tanishtirish oiladan boshlanadi. Tabiat hodisalarini aniq tushina bilish, jamiki tirik narsaga zavq - shavq bilan qarash singari fazilatlar bolada shakllanib boradi. Tabiatga mehr qo'yish, uni ehtiyot qilish, tirik jonivorlar to'g'risida g'amxo'rlik qilish tabiatga qiziqish uyg'ota qolmay, balki bolalarda vatanparvarlik, mehnatsevarlik, tabiat boyliklarini ardoqlab, ularni himoya qilish asosiy burch va vazifalarimiz hisoblanadi. Uydagi xona o'simliklari va ba'zi parvarish qilib boqiladigan parranda va hayvonlarni bolalarga tanishtirish unga bo'lgan mehr-muhabbat uyg'otishga yordam beradi. O'simliklar va hayvonlarni muntazam ravishda parvarishlashda bolalarda mehnat

ko'nikmalarini ham shakllantiradi. Shuning uchun, oilada bolalarga ekologik tarbiya berishning nazariy asoslarini ishlab chiqish zarurdir. Qadim zamonlarda ekologik madaniyat O'rta Osiyo xalqlariga xos xususiyat bo'lgan. Bu haqda qadimgi qo'lyozmalar va ulug' allomalarimizning asarlari guvohlik beradi. Ularda suv, tabiat, o'simliklar, hayvonlar va ularning atrof - muhit bilan o'zaro munosabatlar, aloqalari va boshqalar haqida qimmatli fikrlar yozib qolgirgan. Garchand, u vaqtlarda ekologiya fan sifatida shakllanmagan bo'lsa ham, o'sha davrlardayoq tabiat va undagi muvozanat, tozalikning ahamiyati, o'simlik va hayvonot dunyosi, tabiatni e'zozlash zarurligi qayd etilgan.

Hatto ular tabiatni, suvni, olovni, shamol va boshqa unsurlarni muqaddas deb bilishgan va sig'inishgan. Masalan, otashparastlikning muqaddas kitobi "Avesto"da 17 xil suvning ta'rifi yozilgan. Unda barcha suvlarning birikishida vujud mavjudligi ta'minlanadi deyilgan. Ular xudoning asosiy vazifasi suvni nopokliklardan asrash, uning doimiy ravishda oqib turishini ta'minlashdan iborat deb tushunishgan. Shuning uchun ham ular xatlarida tabiatni va suvni pok saqlash, asrab - avaylash, tejab sarflash haqidagi da'vatlari juda ko'p. Unda "Inson butun umrida suv, otash yer, havoni, umuman dunyodagi jamiki narsani, poklik himoyasini bus - butun asrashga majburdir..." deyilgan.

Oilada ekologik tarbiyani tashkil qilish muhim ahamiyatga ega. Ota - onalar bolalarni yoshlikdan tabiat bilan ijobiy munosabatda bo'lishga o'rgatib borishlari ularda "Inson tabiatning bir qismi, shu sababli tabiatga yetkazilgan har qanday zarar uning o'ziga falokat olib keladi" degan tushunchani singdirib borishlari kerak. Oilada tashkil etilayotgan tarbiya bolalarda atrof -

muhitga, xususan, tabiatga nisbatan ijobiy, ma'suliyatli munosabatni shakllantirish bilan birga ularda estetik didning ham oʻsishini ta'minlaydi. Binobarin, tabiatning oʻzi eng goʻzal, eng mukammal asardir. Bolalar tabiat goʻzalliklaridan bahra olar ekanlar, oʻzlarini uning bir boʻlagi, shu sababli yuk uni asrab - avaylashga ma'sul ekanliklarini chuqur anglab yetadilar. Shuningdek, "Oila muhitida tashkil etilayotgan hovli

sahnini supurib - sidirish, gulzorlarni tashkil etish, koʻchatlarni oʻtqazish va ularni

parvarish qilish, maishiy chiqindilarni bartaraf etishga nisbatan ehtiyotkorona munosabatda boʻlish kabi harakatlar, bolalarda tabiatni asrashga nisbatan ma'sullik tuygʻusini shakllantiradi."
Toza ichimlik suvi har bir oilaning sogʻlom hayot yuritishining muhim sharti hisoblanadi. Avvalambor, bolalarimizda ekologik madaniyat saboqlarini shakllantirishda kattalarning tabiatga, atrof - muhitga boʻlgan munosabati katta oʻrin tutadi. Ota - onalarning atrof - muhit tozaligini saqlashga boʻlgan doimiy e'tibori, sa'y - harakatlarini koʻrgan va his qilgan bolalar, ular

orqasidan ergashishga harakat qilishadi, ulardan namuna va oʻrnak oladilar. Erta bahorda hovli va koʻchada, oila davrasida birgalikda daraxt ekish, uni parvarish qilish, obodonlashtirish va koʻkalamzorlashtirish ishlarini amalga oshirish, hovlini obod qilish, har bir bola uchun yaxshi namuna maktabini oʻtaydi hamda atrof - muhitga boʻlgan ezgu va bunyodkorlik munosabatini belgilashda zamin yaratadi.

OILADA BOLA TARBIYASIDA OTA-ONANING O'RNI

Inson kamolotining ko'rinishlaridan biri – obro' – e'tiborga ega bo'lishdir. Obro' bir kun yoki bir yil mobaynida hosil bo'ladigan jarayon emas. Obro'ni inson hayot mazmunidagi faoliyati jarayonida asta-sekin shakllanib boradi. Ota-onaning oiladagi obro'si tarbiya vositasi sifatida xizmat qiladi.

Obro' oilaviy munosabatlar jarayonida shakllanadi. Ma'naviy -axloqiy xislatlarni, zamon ruhiga mos tushadigan fazilatlarni shakllantirishga qaratiladi. Mazkur toifadagi oila a'zolari davrasidagi suhbatlar, munozaralar, bahslar, mulohazalar o'zaro tenglik, hurmat ruhiga bo'ysundiriladi. Oilaviy munosabatlarning ushbu ko'rinishda turli yoshdagi, jinsdagi bolalarga maqsadga muvofiq tarbiyaviy ta'sir o'tkazish imkoniyati mavjuddir. Shu boisdan tasodifiy voqea va hodisalarning sodir bo'lishi turli tarzda baholanadi va ularga bevosita aloqador oila a'zolari turmush tajribasidan kelib chiqqan holda rag'batlantiriladi yoki tanbeh beriladi, jazolanadi. Bunday odilona amalga oshirilgan muloqot ta'sirida o'g'il - qizlar ruhiy dunyosida ota - onaga nisbatan dilkashlik, xushmuomalalik, o'z faoliyati uchun javobgarlik, o'z - o'zini boshqarish kabi muhim insoniy fazilatlar paydo bo'ladi. Oilada munosabatning yana bir turi „avtoritar" yoki „obro' talab" munosabat deb atalib, bunda ota - onaning obro'si shaxslararo muloqotda hal qiluvchi, yetakchi rol o'ynaydi. Shaxslararo teng huquqlilik, erkin xatti - harakat qilish, tashabbuskorlik bunda o'z ahamiyatini yo'qota boshlaydi. Oila a'zolarining yurish - turishi, xatti - harakati ko'pincha kattalar tomonidan cheklab qo'yiladi.

Ota - ona tomonidan tarbiyaviy ta'sir o'tkazishning asosiy usuli bu jazolash hisoblanadi, biroq onda - sonda rag'batlantirish usulidan foydalanilganda ham ma'naviy rag'batlantirish imkoniyatiga ega bo'lmaydi. Ota - onalar arzimagan mayda - chuyda muammo, mulohaza, ko'mak uchun ham uzundan - uzoq o'git - nasihat qiladilar. Ular o'zlarining nasihatgo'yliklarini ota - onalik burchi deb baholaydilar. Mayda gaplik, ezmalik bilan o'g'il - qizlar o'rtasida haqiqiy obro' qozonib bo'lmaydi.

Turmushda soxta yaxshilik qilish orqali farzandlari oldida obro' orttirmoqchi bo'lgan ota - onalar ham bor. Bunday ota - onalar o'zlarining yumshoq muomalaligi, beozorligi, kechiruvchanligi, yon beruvchanligi, kam talabchanligi bilan farzandlarini o'zlariga rom qilib olishni istaydilar. Ularning fe'l - atvorida, na ma'naviyatida qat'iyatlilik, na talabchanlik, na barqarorlik mavjud. Tilyog'lamachilik, soxtalik, sun'iylik bilan bolada yuksak insoniy xislatlarni, oliyjanob his - tuyg'ularni, irodaviy sifatlarni tarkib toptirib bo'lmaydi. Ota - ona obro'sini orttirishda ibrat ko'rsatish usuli muhim rol o'ynaydi, oilada tarbiya ishini

muvaffaqiyatli amalga oshirish uchun ota - ona tinmay o'zlarini ham

pedagogik,ham ruhiy jihatdan tarbiyalab borishlari kerak. ular o'zlarida yetishmaydigan sifatlarni egallab borib, mavjud illlatlarni batamom tugatishlari lozim. Oila tarbiyasi farzandlarga tarbiya berish, ularda ma'naviy - axloqiy madaniyatni shakllantirish imkoniyatlarini aniqlash yuzasidan bir qator tadbirlar amalga oshiriladi. Shu borada ota - onalar bilan olib boriladigan ishlar hamda o'tkaziladigan tadbirlardan ayrimlarini namuna sifatida keltiramiz:

I. Ota - onalar bilan o'tkaziladigan suhbatlar;

II. Maktabning o'quv yili davomida ota onalar bilan olib boradigan ishlari kiradi.

Ota - onalar o'zlarining ijtimoiy burchlarini bajarar ekanlar, farzandlarida mehnatga, uni tashkil etuvchilarga nisbatan mehr - muhabbat, hurmat tuyg'usini shakllantirish, ularni ijtimoiy - foydali mehnatga tayyorlash, turli ko'rinishdagi munosabatlarni uyushtirish, vaqtida tartib - intizomga amal qilish, ijtimoiy me'yorlarga og'ishmay rioya etish, sog'lom turmush tarzini yaratish, o'z shaxsiy hayotlari mazmunini belgilashda maqsad, so'z va faoliyat birligini ta'minlash borasida har tomonlama ijobiy ibrat namunasini ko'rsatadi. Bolalarda ijtimoiy - dunyoviy bilimlarni egallashga bo'lgan intilish, ijtimoiy faoliyatning shakllanishida ota - onalarning samarali ishtirok etishlari hal qiluvchi omil bo'lib, bu oila tarbiyasini muvaffaqiyatli amalga oshirishning zarur shartlaridan biri. Oila tarbiyasida bolalarni aqliy jihatdan tarbiyalash ham muhim o'rin tutadi. Bu boradagi muhim vazifa ota - ona tomonidan bolaning qiziqish va ehtiyojlarini ko'ra bilish asosida tasavvur, idrok, tafakkur, xotira hamda diqqatni takomillashtirishga yordam beruvchi mashg'ulotlarga jalb etishdan iborat. Shuningdek, ma'lum yo'nalishlar bo'yicha bolada qiziqishni uyg'ota olish, uni rivojlantirib borish ham talab etiladi. Bu borada ota - ona yoki oilaning boshqa a'zolarining dunyoqarashi, ehtiyoj va qiziqishlari doirasi hamda ular tomonidan ko'rsatilayotgan namuna muhim tarbiyaviy omil bo'lib xizmat qiladi.

YEVROPA UYG'ONISH DAVRI MUTAFAKKIRLARI ASARLARIDA OILA TARBIYASI MASALALARINING YORITILISHI

XV-XVII asrlarda G'arbiy Yevropada ilm-fan, madaniyat,shu jumladan san'at va adabiyotda Uyg'onish (Renessans)davri kuzatildi. Yevropada uyg'onish davri o'z-o'zidan sodir bo'lmay, bevosita Markaziy Osiyoda ro'y bergan Uyg'onish davri asosida yuz berdi. Yevropa uyg'onish davri ham o'zida muayyan belgilarni namoyon qildi. Ular quyidagilardan iborat:

- jaholat va mutaassiblikni rad etish;
- insonni ulug'lash; uning iste'dodi, aqliy imkoniyatlarini yuzaga chiqarish;
- antik davr (qadimgi Yunon va Rim)madaniyatini tiklash va boyitish;
- adabiyot va san'atda boqiy dunyoni emas, hayot go'zalliklarini kuylash;
- inson erki uchun kurash.

Yevropa uyg'onish davrida ilm -fan va madaniyat sohalarida insoniyat tarixiy taraqqiyotiga bebaho hissa bo'lib qo'shilgan ilmiy bilimlar hamda adabiyot, san'at sohalarida durdona asarlar yaratildi. Adib yoshlarni hayotda baxtli bo'lishga erishish uchun kurashishga, insonni sevishga, qiyinchiliklardan qo'rqmay ularni yengishga da'vat etadi. Dramaturg asarlarining deyarli barchasida oila va oilaviy munosabatlarning muayyan qirralari yoritilgan. ,,Otello" tragediyasida Otello siymosida ayrim salbiy omillar (tuhmat)ning ta'sirida oilaning buzilishi tasvirlangan bo'lsa, ,,Qirol Lir" asarida esa qirol Lirning farzandlari tarbiyasida yo'l qo'ygan xatolarining ayanchli oqibatlari yoritilgan. Qirol Lir farzandlari tarbiyasiga jiddiy e'tibor qaratmaganligi sababli darbadar hayot kechirishga, gadolikka mahkum etiladi. Oilalar o'rtasidagi o'zaro dushmanlik, nafrat,hasad tufayli esa Romeo va Julyettalar halok bo'ladi. Ayni o'rinda shuni aytib o'tish joizki, adib qahramonlarni hech qanday omil ,,erkinlik"deb ataluvchi, yuksak, ezgu, yorug' tuyg'udan voz kechishga majbur qila olmaydi.Adib o'z asarlarida oila muhitida bola har tomonlama shakllanishi uchun uning erkin bo'lishi muhimligi ko'rsatilgan. Qolaversa, shaxsning kamolotga erishishida oilada tashkil etiladigan ma'naviy-axloqiy tarbiyaning alohida o'rin tutishi badiiy obrazlar orqali ta'sirchan yoritilgan. Yevropa Uyg'onish davrining yana bir mutafakkiri Tomas Mor (1478-1555)dir. Adib o'zining „Utopiya" asarida shaxsiy manfaat jamiyat rivoji uchun zararli, aksincha, barcha fuqarolarning ijtimoiy-foydali mehnatda birdek faol ishtirok etishlari ijtimoiy taraqqiyotning muhim omili ekanligini ta'kidlash orqali ikkita muhim tamoyilni ilgari surgan. Muallif tasavvurining mahsuli bo'lgan Utopiya davlati ,, ilmiy asosga ega bo'lmagan ideal jamiyat"da barcha fuqarolar mehnat qilishga majburdirlar. Bundan tashqari bu kabi jamiyatda ayol va erkak, shuningdek bolalarning huquqiy jihatdan tengligi e'tirof etiladi, unga ko'ra hatto bolalar ham o'qish bilan mehnatni birga olib borishlari zarur.Tomas Mor o'z asarida bolalarni oilada tarbiyalashda mehnat vositasida, jamoa yordamida va jamoada tarbiyalashning ahamiyatini ko'rsatishga uringan. Adibning bolalarni ona tilini sevishga o'rgatishni oiladan boshlash muhimligi haqidagi g'oyasi bugungi kun uchun ahamiyatlidir. Shu bilan birga Tomas Mor bolaning sog'lom o'sishi

uchun oilada jismoniy tarbiyani yo'lga qo'yish, har qanday yo'nalishdagi tarbiya jarayonida ota-onalarning shaxsiy namuna ko'rsatishlari, farzandlarga hunar sirlarini o'rgatishda ko'rgazmalilikka e'tibor qaratishlari borasidagi fikrlari g'oyat ahamiyatlidir. Yevropa Uyg'onish davrining yetakchi siymolaridan yana biri - Tomazo Kampanella bo'lib, uning pedagogik g'oyalari „Quyosh shahri" asarida o'z ifodasini topgan. Mutafakkirning qayd etishicha, davlat hatto bo'lg'usi avlodning sog'lom bo'lishi uchun erkak va ayolning turmush qurishi haqida qayg'urishi, bu jarayonni nazorat qilishi zarur. Tomazo Kampanellaning fikricha, bolani ikki yoshidan boshlab ijtimoiy munosabatlarga tayyorlashni boshlash, uch yoshida ko'rgazmali vositalardan samarali foydalangan holda to'g'ri talaffuz qilishga, alifboni o'rganishga jalb etish maqsadga muvofiqdir.

Shu davrlarda bolalarning jismoniy tarbiyasini kuchaytirish, sakkiz yoshidan boshlab esa ularni tizimli ravishda o'qitishni boshlash kerak. O'g'il bolalar o'n to'qqiz yoshga to'lgach, harbiy tayyorgarlik ko'nikmalarini o'zlashtira olishi zarur. Mutafakkir o'z asarlarida hatto ayollarga ham harbiy ta'lim berishni ijtimoiy zarurat deb hisoblaydi. Buning sababi, urushlar sharoitida ularning ham ishtiroki mumkinligidir. Qisqa qilib aytganda, T.Kampanellining g'oyalari oila tarbiyasi bilan ijtimoiy tarbiyani uyg'un holda olib borishni targ'ib etadi. XVI asrdan boshlab o'zida mualliflarning hayotiy tajribalari asosida Yevropada bevosita ta'lim hamda bolalarni to'g'ri tarbiyalash masalalarini yoritgan asarlar yoritila boshlandi. Ularning mualliflari „ma'rifatparvarlar" deb nomlandi. O'rta asr ma'rifatparvarlari orasida chex pedagogi, „Didaktika" fanining asoschisi Yan Amos Komenskiy (1592-1670) alohida o'rin tutadi. Ya.Komenskiyning shaxs ta'limi va tarbiyasini tashkil etishdagi buyuk xizmati oila va maktab tarbiyasini o'zaro uyg'unlashtirish muammosining ilmiy jihatdan asoslab berganligi bilan belgilanadi. Ya.A.Komenskiy yashagan davrga qadar bolalar tarbiyasi, asosan, ikki muhit

-maktab va oilada amalga oshirilar edi. Buyuk pedagog oilaning tarbiyaviy imkoniyatini, ota onalarning tarbiyachi sifatidagi maqomiga daxl qilmagan holda,
yosh avlodni maktabda o'qitish va tarbiyalashning afzalligini asoslashga urindi.
O'z yondashuvining to'g'riligini Ya.A.Komenskiy ,,Buyuk didaktika" asarining VIII bobida shunday izohlaydi: ,,Ota-onalar va ularning kasbi turlicha bo'lganligi sababli o'z bolasini tarbiyalash qo'lidan keladigan yoki ishdan so'ng yetarlicha vaqt ajratib, bola tarbiyasi bilan shug'ullanadiganlar kam topiladi. Shuning uchun ham necha asrlardan buyon ko'pchilik oilalar o'z bolalarini bilimli, og'ir tabiatli maxsus kishilarga berib o'qitib kelmoqdalar. Yoshlarni tarbiyalovchi bunday kishilar, odatda, ustoz, tarbiyachi, muallim, professor deb atab kelinadi, bolalarni to'plab birga mashg'ulot o'tkazadigan joyni esa maktab, o'quv yurti, audio
toriya, kollegiya, gimnaziya, akademiya va h.z. deb ataladi". ,,Buyuk didaktika"asarining IX bobida o'g'il bolalar bilan bir qatorda qiz bolalarni ham o'qitish zarurligi asoslab berilgan:

„Maktablarda faqat boylar va aslzodalarning bolalarinigina emas, balki umuman hammani: barcha shahar va qishloqlardagi aslzodalar va oddiy xalqni, boylar va kambag'allarni, o'g'il va qiz bolalarni ham o'qitish zarur". Qizlarni ham o'qitish zarurmi, degan savolga Ya.A.Komenskiy shunday javob beradi: „Xotin -qizlar erkaklar singari, ko'p holatlarda esa erkaklardan ham ko'ra o'tkir aql-idrokka ega, erkaklar qatori eng yuqori lavozimlarni bajarib kelmoqda". Pestalotsi oilada tabiatga muvofiq qilib boshlangan tarbiya maktabda ham davom ettirilishi lozimligini ta'kidlaydi. Psixolog va pedagog Jon Dyui bolalarni erkinlik asosida tarbiyalash g'oyasini ilgari surgan. Ularni tarbiyalashda ota-onaning o'rni kattaligini aytib o'tgan.

IJTIMOIY XAVFLARNI OLDINI OLISHDA MAFKURAVIY IMMUNITETNI SHAKLLANTIRISHNING PEDAGOGIK JIHATLARI

Bugungi kunda yoshlarimizni turli xil yot va zararli g'oyalar va vayronkor g'oyalarga qarshi barqaror mafkuraviy immunitetini mustahkamlashda ularning dunyoqarashini boyitish, Vatanga sadoqat, uning taraqqiyotiga daxldorlik hissi, milliy g'ururni shakllantirish, ularni milliy va umuminsoniy qadriyatlar ruhida kamol toptirish, hozirgi zamondagi keskin intellektual – ma'naviy raqobatga javob bera oladigan, mustaqil qarorlar qabul qilishga qodir bo'lgan yuksak malakali mutaxassis kadrlar etib tarbiyalash muhim ahamiyatga egadir[1]. Zero, bu global o'zgarishlar davrida uzluksiz ta'lim tarbiya tizimining oldida turgan muhim vazifalardan biridir. Shu boisdan ham o'tmishimiz va kelajagimiz uchun qudrat bag'ishlaydigan milliy iftixor tuyg'usi bilan biz yangi avlodlarni tarbiyalashimiz, o'z milliy davlatchiligimizni mustahkamlab borishimiz lozim. Bu jarayonda milliy va umuminsoniy qadriyatlarni yosh avlodga yetkazishning infrastrukturasi va texnologiyasini yanada takomillashtirish masalasi zararli va yot g'oyalarni, mafkuraviy tahdidlarni bartaraf qilish orqali ularning mafkuraviy immunitet shakllanishi muhim omili ekanini hayotiy tajribaning o'zi isbotlamoqda.

Xalqimizni turli g'oyaviy va mafkuraviy tahdidlardan asrash, jamiyatda mafkuraviy immunitet hosil qilish uchun uni, avvalo, taraqqiyot qonunlarini chuqur aks ettiradigan sog'lom, insonparvar g'oya va mafkura bilan qurollantirish kerak. O'zligimizni, odob - axloqimizni, merosimiz, qadriyatlarimiz va milliy ruhimizni zararli g'oyalar va mafkuralar ta'siridan avaylab-asrash, ularga qarshi fuqarolarimiz va yoshlarimiz qalbida mafkuraviy immunitetni akllantirish orqaligina millatni mafkurasini asrash va yanada yuksaltirishimiz mumkin. Mafkuraviy immunitetni yuksaltirishda ta'lim-tarbiyaning ahamiyati kattadir. Shu boisdan ham, ta'lim-tarbiya sohasini isloh qilishning asosiy omillaridan biri "Shaxs manfaati va ta'lim ustuvorligi"dir. Shunday ekan, bugun barcha davlatlar ta'limiga imkon qadar ko'p yangilik kiritishga intilmoqda. Yangilik yaratishga intiluvchan shaxsni tarbiyalash uchun mazmuniga ijodkorlik ruhi va motivlari hukm surishi lozim[2]. Bunda innovatsion faoliyat subyektining talablarini qondirishdan innovatsion faoliyat subyekti ehtiyojining majmuaviyligini anglash va shakllantirishgacha bo'lgan amaliy faoliyati jarayonida yuzaga keluvchi subyektning yangilikni yaratish va o'zlashtirishga bo'lgan ehtiyoj va qiziqishlarni o'zida ifoda etuvchi kuch bo'lmog'i lozim. Uzluksiz ta'lim tizimini mazmunan modernizatsiyalash va ta'lim - tarbiya samaradorligini yangi sifat bosqichiga ko'tarishdan asosiy maqsad yoshlarimizning ma'naviy, huquq va manfaatlarini himoyalash ularning zamonaviy bilim va kasbga ega bo'lishini bugungi o'ta murakkab va tahlikali zamonda mavjud bo'lgan har qanday xatarga zararli ta'sir va oqimlarga nisbatan ogoh va hushyor bo'lib yashashini va jamiyatimiz hayotida munosib o'rin egallashini ta'minlashdan iborat hisoblanadi.

Shu maqsadda hukumatning, tegishli vazirlik va idoralar hamda butun ta'lim tizimining, hurmatli

domlalarimiz va professor-o'qituvchilarning eng muhim vazifasi - yosh avlodga puxta ta'lim berish, ularni jismoniy va ma'naviy yetuk insonlar etib tarbiyalashdan iboratdir[4]-deb ta'kidlaydilar. Yurtboshimiz o'zining barcha nutq va ma'ruzalarida kelajagimiz yosh avlodning qanday ta'lim va tarbiya olishiga bog'liq ekanligini ko'p marotaba o'qitish barobarida, ularni ham ma'nan, ham jismonan va intellektual jihatdan yetuk bo'lishlariga alohida e'tibor berish masalasini ilgari surmoqda. Shu nuqtai nazardan, O'zbekistonning taraqqiyotini ta'minlay oladigan, uni jahonning ilg'or mamlakatlari darajasiga ko'tarilishiga hissa qo'shuvchi dadil, mustaqil fikrlovchi, bilimli, malakali mutaxassis, shuningdek, ijobiy sifatlarga ega bo'lgan kadrlarni tayyorlab voyaga yetkazish jarayoni tashkil etadi[5]. Shu nuqtai nazardan, o'sib kelayotgan avlodni istiqlol va uning qadriyatlariga sodiqlik, xalqparvarlik va vatanparvarlik, umuminsoniy qadriyatlarga hurmat ruhida tarbiyalashda ijtimoiy institutlar sifatida nafaqat
ta'lim-tarbiya dargohlari, balki, oila, mahalla,

O'zbekiston Yoshlar Ittifoqi, jamoat hamda nodavlat-notijorat tashkilotlaridan har birining roli alohida ahamiyat, ta'sir kasb etadi. Hozirgi murakkab tahlikali davrda yoshlar tarbiyasiga davlat siyosati darajasida e'tibor qaratilayotganligi yoshlar uchun yaratib berilayotgan imkoniyatlardan unumli foydalanishlari lozim, zero kelajak yoshlar qo'lida ekanligini hech qachon unutmasliklari, bizgacha asrab avaylab yetib kelgan milliy, ma'naviy me'roslarimizni bizdan keyingi avlodlarga yetkazishlari lozimligini yana bir bor unutmaslik kerak. Davlatimiz rahbarining Oliy Majlisga Murojaatnomasi, O'zbekiston yoshlarining forumi hamda Xavfsizlik kengashining kengaytirilgan yig'ilishida m'anaviyat yo'nalishidagi dolzarb vazifalar belgilab berildi. Chunki bu borada yechimini kutib turgan, o'zgarishlar shamoli kirib bormagan masalalar ko'p. Milliy g'oyaning mohiyatini to'liq anglab yetmagan, eski mafkurani tasavvur qilib, bunga yuzaki qaraydiganlar ham yo'q emas. Shu bois, Prezident Uchinchi Rennesansni qurish yo'lida mamlakatimiz mafkurasining asosiy g'oyasini ta'kidlab o'tdi:

- Biz yaratayotgan yangi O'zbekistonning mafkurasi ezgulik, odamiylik, gumanizm g'oyasi bo'ladi. Biz mafkura deganda, avvalo, fikr tarbiyasini, milliy va umuminsoniy qadriyatlar tarbiyasini tushunamiz. Ular xalqimizning necha ming yillik hayotiy tushuncha va qadriyatlariga asoslangan.

Bu borada quyidagilarga e'tibor berishni lozim deb hisoblaymiz:

- Oilada, maktabgacha va maktab ta'limida ta'lim-tarbiyaga jiddiy yondashish zarur.
- Bunda zamonaviy pedagog-tarbiyachi qiyofasini aks ettiruvchi konsepsiyani ishlab chiqish zarur.

- Yoshlar qalbi va ongida zararli tahdidlarga qarshi immunitetni shakllantirishda "ezgulik, odamiylik, gumanizm g'oya"lari asos bo'lishi shart.

- Yoshlar bo'sh vaqtlarini samarali tashkil etishda ota-ona-mahalla-ta'lim hamkorligini innovatsion usullarini ishlab chiqish.

- Yoshlarni Konstitusiyaviy qadriyatlar hamda

amaldagi qonunlarning mazmun -mohiyatini chuqur anglash va hurmat qilishga oʻrgatib borish. Demak, milliy g'oyani har bir inson, ayniqsa yoshlarning qalbi va ongiga singdirish orqali ularda mafkuraviy immunitet shakllanishi, ma'naviy, axloqiy, tarbiyaviy, sifatlarni har tomonlama yuksaltirish, bugungi kunning davr talabidir. Zero, milliy gʻoyamizda aks ettirgan ozod va obod Vatan, erkin va farovon hayot barpo etish, hamda milliy tiklanishdan-milliy yuksalish kabi gʻoyat albatta, yoshlarda mafkuraviy immunitet shakllanishiga xizmat qilishi shubhasizdir.

KONSTITUTSIYA-JAMIYAT FAROVONLIGINING HUQUQIY ASOSI

Qayerda qonunlar xalq manfaatlariga xizmat qilsa, adolat tamoyillari asosiga qurilsa, o'sha yurtda aholi farovon yashaydi, yurt taraqqiy etadi. Konstitutsiya esa barcha demokratik davlatlarda oliy yuridik kuchga ega hujjat hisoblanadi.

Konstitutsiyada davlat tuzilishi, shuningdek qonun chiqaruvchi, ijro etuvchi organlar va sud hokimiyati vakolati, saylov tizimi, fuqaroning huquqi, burchi va majburiyati, jamiyat va shaxs, davlat va fuqaro o'rtasidagi munosabatga doir eng

muhim jihatlar qat'iy belgilab qo'yiladi.

Bosh qomusimiz biz uchun nafaqat nazariy-huquqiy hujjat – burch va majburiyatlarimiz majmuasi, balki hayotimizni farovon etish, o'z haq-huquqlarimizni ta'minlash, jamiyatda qonun ustuvorligini o'rnatishning eng hayotbaxsh manbasihamdir. U davlatning yuzi, inson huquq va erkinliklarining asosiy kafolatidir.

Shu bois, har qanday me'yoriy-huquqiy hujjat — qonun, farmon, qaror yoki boshqa bo'ladimi avvalambor Konstitutsiyaga asoslanadi. Bu bejis emas, albatta. Zero, Konstitutsiya – davlatning asosiy qonuni bo'lib, shaxs, jamiyat va davlatning o'zaro munosabatlarini tartibga soladi.

Lekin uning normalarini jamiyatda to'g'ridan-to'g'ri amal qilinishiga davlat boshqaruvida qonunosti hujjatlarining haddan ziyod ko'payib ketgani va ulardan ayrimlarining bir-biriga zid bo'lib qolishi holatlari uchramoqda.

Shu bilan birga, Konstitutsiya normalariga bevosita amal qilinmay, buning ortidan byurokratik to'siqlar paydo bo'layotgani kuzatilib turadi. Bu kabi holatlarni oldini olish maqsadida yangi tahrirdagi Konstitutsiyaning 15-moddasida Konstitutsiya mamlakatning butun hududida oliy yuridik kuchga ega, to'g'ridan-to'g'ri amal qiladigan va yagona huquqiy makonning asosini tashkil etishi belgilandi.

Shu jihatdan, Oliy sudga bir qator vazifalar yuklatilgan. Bunda, Oliy sud odil sudlovni amalga oshirishda sudlar tomonidan konstitutsiyaviy normalar to'g'ri va bir xilda qo'llanilishini ta'minlash maqsadida barcha instansiya sudlari tomonidan ishlarni ko'rib chiqishning O'zbekiston Respublikasi Konstitutsiyasi normalarini to'g'ridan-to'g'ri amal qiluvchi hujjat sifatida qo'llash yuzasidan yagona sud amaliyAyni chog'da Oliy sud tomonidan mazkur Plenum qarori ustida ishlanmoqda. Shuningdek, Bosh qomusimizda belgilangan yangi normalarning amaliyotga to'liq va sifatli joriy qilinishini ta'minlash maqsadida amaldagi qonun hujjatlariga o'zgartirish va qo'shimchalar kiritish bo'yicha ishlar olib borilmoqda.

Bundan tashqari, odil sudlovga erishishni kengaytirish maqsadida shaxslarga sud tomonidan qo'llanilgan qonunning Konstitutsiyaga muvofiqligini tekshirish haqidagi shikoyat bilan Konstitutsiyaviy sudga murojaat etish huquqi mustahkamlandi. Bu o'z navbatida, yangi O'zbekistonning bugungi hayoti va ertangi taqdiri, sud-huquq islohotlari izchil amalga oshirilishi va inson huquqlari mustahkam kafolatlanishi uchun xizmat qiladi.

Mazkur norma bilan agarda biror-bir fuqaro yoki yuridik shaxsning fikricha, ularning ishi ma'muriy, jinoiy, iqtisodiy yoki fuqarolik sudlarda ko'rilib, ishni sudda ko'rishda birinchidan, ularning konstitutsiyaviy huquqlari va erkinliklari buzilayotgan bo'lsa, ikkinchidan, Konstitutsiyaga muvofiq kelmasa, uchinchidan, sudda ko'rilishi tugallangan muayyan ishda qo'llanilgan bo'lsa, to'rtinchidan, sudda himoya qilishning barcha boshqa vositalaridan foydalanib bo'lingan bo'lsa qo'llanilgan amaldagi qonunni Konstitutsiyaga muvofiqligini tekshirish to'g'risida shikoyat bilan Konstitutsiyaviy sudga murojaat qilish imkoniyati yaratildi.

Muxtasar aytganda, bugun yangi tahrirdagi Konstitutsiya fuqarolar huquqlarini kafolatlaydigan asosiy huquqiy hujjatga aylandi. Bu esa uning boshqa qonunlar va normativ hujjatlardan ustunligini belgilaydi. Demak, barcha qonunlar va me'yoriy-huquqiy hujjatlar Konstitutsiya qoidalariga zid kelmasligi kerak. Zotan, u har bir insonning yashash, erkinlik, tenglik, adolat va konstitutsiyada belgilangan boshqa ko'plab asosiy huquqlarini kafolatlaydi.

OILADA FARZAND TARBIYASI

Mamlakatimiz mustaqilligini qo'lga kiritgan yildan boshlab bolalar va o'smirlarning jismonan sog'lom, baquvvat, ruhan va ma'nan yetuk inson bo'lib ulg'ayishlari uchun katta e'tibor qaratilayotgani hammamizga ma'lum.Bu borada jamoat tashkilotlarining ham o'rni katta.Shubhasiz, oila,mahalla,maktab bolalar tarbiyasida muhim ahamiyat kasb etadi.Farzandlarimizni chiroyli odob-axloq,yaxshi ta'lim tarbiyali insonlar qilib voyaga yetkazish davlat miqyosidagi dolzarb masala ekanini har birimiz yaxshi tushunamiz.Ma'lumki, barkamol avlodni tarbiyalashda oilani barqarorligi,undagi sog'lom muhit eng muhim omillardan hisoblanadi. Yurtboshimiz ,,Avvalo biz, ya'ni xalqimiz va davlatimiz, har qaysi inson,nimaniki o'z oldimizga maqsad qilib qo'ygan bo'lmaylik,qanday buyuk ishlarni amalga oshirishga intilmaylik, barcha oliyjanob harakatlarimizning negizida nima turishini o'ylab ko'raylik.Tabiiyki barcha ezgu niyatlarimizning markazida farzandlarimizni ham jismoniy, ham ma'naviy jihatdan sog'lom qilib o'stirish, ularning baxt-u saodati, farovon kelajagini ko'rish, dunyoda hech kimdan kam bo'lmaydigan avlodni tarbiyalash orzusi turadi".

Ba'zilar bolasi hali 2-3 yoshga kirmay turib, uning tarbiyasi nobopligidan shikoyat qilishni boshlab yuborishadi. Norasida go'dakni xuddi kattalardan talab qilinadigan qoliplarga solishga, uning odob-axloqini o'nglash harakatlariga kirishiladi. Bu xato yo'l. Chunki hali suyagi qotmagan, yaxshi va yomon nimaligini anglamagan yosh bolani hadeb tergayverish, uni turli qoliplarga solishga urinish, kuchi va iqtidori yetmaydigan mashg'ulotlarga majburlash irodasini sindirishi, ruhiga salbiy ta'sir ko'rsatishi, keyinchalik hamma narsaga befarq va loqayd qaraydigan qilib qo'yishi mumkin.

Buyuk vatandoshimiz shayx-ur rais Abu Ali Ibn Sino yosh avlod tarbiyasining ibtidosi qanday va nimalar bilan bo'lishi haqida quyidagilarni aytgan edi:"Yosh bola boshlang'ich ta'lim va tilga doir qoidalarni yod olganidan keyin u mashg'ul bo'lishi mumkin bo'lgan kasb-hunar va san'atga moyilligiga qarab uni shunga yo'llaymiz. Agar u kotiblikni xohlasa, til, xat yozish, nutq so'zlash va odamlar bilan muomila qilish kabilarga dalolat qilamiz. Albatta, bu o'rinda bolaning mayli ahamiyatga ega".

Mutaxassislar tavsiyasiga ko'ra, bola maktabga borgunicha uni podshoh qilib muomila qilinadi, ya'ni risoladagi barcha iltimoslari bajariladi, sho'xlik va erkaliklardan qaytarilmaydi. Shundan so'ng unga asta-seki tushintirish, kattalatning o'zi ibrat bo'lishi orqali tarbiya beriladi. Tarbiya bir necha tomondan olib boriladi. Bola aqlan rivojlanishi uchun unga turli kitoblar o'qib beriladi, rivoyat va ibratli hikoyatlar so'zlanadi yoki aql-zakovatni o'stiradigan o'yinlar, mashg'ulotlarga jalb qilinadi. Ruhiy tarbiyasini yaxshilash uchun hayot va o'lim, yaxshilik va yomonlik, axloq va odob kabi boqiy mavzularda sodda ertaklar aytib beriladi.

Oilada bola tarbiyasi ikkiyoqlama ahamiyat kasb etadi, ota-onalar farzandlariga axloq- odob, ruhiyat va ma'naviyatga oid bilimlardan saboq berish bilan qanoatlanib qolmasliklari, balki o'zlari ham tarbiyaning oziga xos sir- sinoatlari, xususiyatlari uning mazmun- mohiyati va ma'nosiga doir eng yangi ma'lumotlardan xabardor bo'lib turishlari talab etiladi. O'z farzandlariga oqilona tarbiya bera olgan ota- onalar umrlarini rohat va farog'atda o'tkazadilar, bolalaridan hamisha oliyjanoblik, mehribonlik, yaxshilik ko'radilar, dillari also jarohat azobini sezmaydi, o'kinish hissiga duchir bo'lmaydilar. Oilada kattalarning obro'si qo'rqitish asosida emas, balki samimiylik, o'zaro hurmat- ehtirom zamiriga qurilishi maqsadga muvofiqdir. Oila a'zolarining inoqligi, o'zaro hamjihatligi, kiyinish madaniyati, mehnat faoliyati, o'zga kishilar to'g'risidagi suhbatlari va ularning boshqa sifat hamda fazilatlari bolaning murg'ak tasavvuriga yangi timsollarni olib kiradi. Oila tarbiyasi bolaning kelajakda kim bo'lib yetishshida muhim o'rin tutadi, bola dastlab oilada jamiyatning qiyofasini quradi.

Oiladagi ma'naviy- ruhiy muhit, bola

tarbiyasida g'oyat muhim ahamiyatga ega bo'lib, oila a'zolarining turmush tarsi ko'p hollarda farzandlarning ruhiy kayfiyati, tasavvuri va hissiyotlarini belgilab beradi. Demak, oila sog'lom, barkamol insonni tarbiyalab voyaga yetkazishda jamiyat oldida ma'suldir. Oilada tarbiya topgan har bir inson har jihatdan umuminsoniy,axloqiy,ilmiy,e'tiqod va boshqa sohalarda kamolotga yetgan xislatlarni o'zida mujassamlashtirgan bo'lishi lozim,kamolot sari intilgan kishi asta-sekin olamni, o'zligini taniy boshlaydi.

Xulosa qilib aytganda, oilada bola tarbiyasining milliy o'ziga xos qoidalari mavjud bo'lib, ota-onalar ulardan o'rinli foydalanishlari lozim.Oilada ma'naviy-ruhiy xotirjamlik,o'zaro totuvlik hukmron bo'lsa, oila a'zolari bir-birlariga g'amxo'r bo'lsalar, bola tarbiyasining tayanch nuqtasini topa olsalar, bunday muhit bola tarbiyasiga ijobiy ta'sir etadi va ular farzandlariga haqiqiy baxt hadya etadilar, bu bilan ishimizda rivojlanish, jamiyatimizda olg'a siljish bo'ladi.

OTA-ONALARGA TARBIYAGA OID BILIM BERISH

Jamiyatimiz taraqqiyoti o'zining rivojlanish qonuniyatlariga asoslangan holda shaxs yetukligini ta'minlovchi va tarbiya samaradorligini oshiruvchi omillarni vujudga keltirish talabini qo'ymoqda. Shu bilan birga jumhuriyatimiz taraqqiyoti bilan oila, uning barcha hayotiy bosqichlari jiddiy o'zgfarishlarga uchrayotganligini ham sedan chiqarmaslik kerak. Bizning yangi oila vujudga keltirish borasidagi muvaffaquyatlarimiz shak-shubhasizdir. Oila erkaklar va ayollarning to'la teng huquqliligi, oila uchun bab-baravar javobgarligi asosida quriladi.

Oila va oilaviy tarbiya muammolari ichida ota-onalarning tarbiyachilik madaniyatini oshirish va ularga umumiy tarbiyaga oid bilim berish davrimizning dolzarb masalalaridan biridir. Oilalarni pedagogika yutuqlari bilan tanishtirish ularning mustahkamligini ta'minlash vositalaridan biridir. Ikkinchi tomondan esa, o'z navbatida, bolalarning tarbiyasida tegishli shakl va uslublarni takomillashtirish yo'llaridan biridir. Shuning uchun ham ota-onalarni, oilalarni tarbiyaga oid bilimlar bilan, tarbiya uslublari bilan qurollantirish nihoyatda zarur. Tarbiyaga oid bilim berish muammosi faqat ota-onalarning ishi bo'lib qolmasdan, balki keng ma'noda davlat ahamiyatiga molik ishdir. Ota-onalarning bolalar tarbiyasi haqiadgi, ularni turmushga va mehnatga tayyorlash to'g'risidagi ma'suliyatini oshirish zarur.

Jamiyatimizdagi har bir to'laqonli shaxs bolalarning tarbiyachisi bo'lishi, yangi insonni har tomonlama kamol toptiruvchi barcha holatlarda, shart-sharoitlarda ishtirok etishi lozim. Har bir yigit-qiz bo'lajak ota-onalardir. Shu sababli jamiyatimiz ularning qanday oila qurishlariga befarq qarab turolmaydi.

Tarbiyani maqsadga muvofiq tashkil etish sharoitlaridan biri ota-onalarning tarbiyaviy savodxonligiga bog'liqdir. Faqat tarbiyaga oid bilimlarni targ'ib qilish orqaligina oilaviy tarbiya bilan ijtimoy tarbiya uyg'unligini ta'minlash mumkin.

Ota-onalarni tarbiyaga oid pedagogik va psixologik bilimlar bilan qurollantirmaasdan turib,oilada bola tarbiyasini to'g'ri tashkil etish mumkin emas. Demak, oila hayotini to'g'ri tashkil qilish uchun olimlar, o'qituvchilar, psixologlar, keng jamoatchilik oila pedagogika fani orqali ota-onalarga amaliy yordam berish tizimini ishlab chiqishlari lozim. Kuzatishlar shuni ko'rsatadiki, oilada ota-onalarga tarbiyaga oid bilimlar berish va ularning tarbiyachilik mahoratini oshirishda yechimini kutayotgan muammolar ko'p. Bizningcha, ota-onalarning pedagogik savodxonligini oshirishda sinf, maktab, ota-onlarning munozarali baxslarini tashkil etish maqsadga muvofiqdir. Bu ishga pedagogikani chuqur o'zlashtirgan tajribali op'qituvchilarni jalb qilish uning samaradorligini yanada oshiradi. Ota-onalrga pedagogik ma'lumot berishda olimlarning tavsiyalari, xalq pedagogikasi g'oyalari, tajribalar, ilg'or mehnat jamoalari, faxriylar maslahatlari, rivoyat, hikmat, hadis, maqol va din materiallaridan maqsadli foydalansa, uning samaradorligi yanada ortadi.

  Atoqli pedagoglar tarbiyani maqsadga muvofiq tashkil etish shart-sharoitlaridan biri ota-onalarning savodxonligida, deb hisoblagan edilar. Hayotimizning ko'rsatishicha, tarbiyaga oid bilimlarni targ'ib qilish orqaligina oilaviy tarbiya bilan ijtimoy tarbiya uyg'unligini ta'minlash mumkin. Pedagogik-olimlar tadqiqotlarida isbotlaganidek, oilaviy tarbiyaga doir ishlar quyidagi sharoitlarda bajarilsa, uning samaradorligi yanada oshadi.

1. Maktab o'zining barcha ta'sirlari majmuaini oilaviy tarbiya jarayoniga izchil yo'naltira olsa.
2. O'quvchilar jamoasi oila bilan o'zaro hamkorligi davrida o'zlarining etik-pedagogik tarbiyaviy talablarini to'g'ri tashkil eta olsalar.
3. Xalq ta'limi bo'limi va muassasalar tashkilotchi ota-onalarni tarbiyaviy jarayoniga olsalar.
4. O'quvchilar tomonidan oilaviy tarbiyaga rahbarlik bolalar maktabga kelmasdan oldin boshlansa va bu ish ularning barcha o'quv yillarida davom ettirilsa.

Tarbiyaviy madaniyatning samaradorligini oshirishda maktablarda o'tkaziladigan ota-onalar majlisi muhim ahamiyat kasb etadi. Ma'lumki, bola maktabga kelgunga qadar ham, maktabda o'qish davrida ham, aosan oilada tarbiyalanadi.

Oila bolaning dunyoqarashi, xulqi va didiga ta'sir ko'rsatishi tabiiy holdir. Ota-onalarning bolalarni tarbiyalashdagi eng birinchi vazifalari-bolalarning sog'ligini saqlashdir. Ayniqsa, ota-onalar o'zlarining mehnat faoliyatlari, xulq-atvorlari orqali namuna bo'lishlari lozim. O'zaro oilaviy jamoada yaxshi iborali so'zlashuvni tashkil etish ham maqsadga muvofiqdir.

Xulosa qilib shuni aytish joizki, ota-onalar bolalarni tarbiyalashlari emas, eng avvalo o'zlarini isloh qilishlari lozim. Bolalarga tarbiyani amliyotda namuna qilib ko'rsatishlari kerak.

OILADA BOLALARGA IQTISODIY TARBIYA BERISHNING O'ZIGA XOS XUSUSIYATLARI

Oilada iqtisodiy tarbiya zamirida ham mehnatsevarlikni tarbiyalash yotadi. Bolalar o'z mehnati natijalarini ko'rgandagina o'z imkoniyatlaridan to'g'ri foydalanayotganini anglab yetadi, mustaqil faoliyat yuritishni o'rganadi, ul;arda tadbirkorlik va ishbilarmonlik xislatlari tarkib topadi.

Oilada yo'lga qo'yiladigan bolalar mehnati hovli va xonalarni tartibli saqlash, kiyim-kechaklarni asrab-avaylash, uy jihozlarini ta'mirlash, ro'zg'or yumushlariga yordam berish kabilar ko'rinishlarda namoyon bo'ladi. Ota-onalar bolalar mehnat faoliyatini kuzatib borib, ularga zarur o'rinda maslahat beradilar. Ayniqsa, o'quvchi-yoshlarda oilada ham, ta'lim muassasalarida ham tejamkorlikka rioya qilishga o'rgatish katta ahamiyatga ega.

Inson o'z kamoloti davomida turli yo'nalishda tarbiyalanadi. Ular ma'naviy, ma'rifiy, ekologik, vatanparvarlik, huquqiy, mehnatsevarlik, fuqarolik, estetik, jismoniy va iqtisodiy tarbiya kabi yoʻnalishlarda joriy etilgan. Ular ichidan iqtisodiy tarbiya boʻlajak mutaxassislarni jamiyat va davlat, qolaversa, oiladagi jarayonlarga ongli munosabatini shakllantirish bilan birgalikda, tejamkorlikni, isrofgarchilikka nafratni, ishbilarmonlikni, tadbirkorlikni, tashabbuskorlik, iqtisodiy hisob-kitob va shu kabi iqtisodiy jihatlarni qamrab oluvchi insoniy fazilatlarni yuksaltirishga xizmat qiluvchi tarbiyaviy asosdir. Demak, iqtisodiy tarbiya insonning ham ma'naviy jihatdan, ham moddiy jihatdan yuksaklik sari sa'y-harakatlarini ta'minlashdan iborat. Barkamol avlodni tejamkorlik ruhida tarbiyalashda iqtisodiy tarbiyaning oʻrni beqiyos. Har qanday tarbiyada ham oʻsha tarbiyaga tegishli oid tushunchalarning mazmunini toʻliq anglab yetish va oʻsha tarbiya samaradorligini oshirishi hech kimga sir emas. Bu borada oʻquv yurti va oila sharoitida talaba-yoshlarning iqtisodiy tafakkurini yuksaltirishda, ularni hamkorlikka va ishbilarmonlikka chaqirishni, iqtisodiy hisob-kitoblarni oʻrganishni hayotiy tajriba asosida amalga oshirish iqtisodiy tarbiyada muhim ahamiyat kasb etadi. Iqtisodiy tarbiyada tejamkorlik, tadbirkorlik, mehnatsevarlik, tashabbuskorlik, ishbilarmonlik, iqtisodiy hisob-kitob, oila byudjeti va boylik kabi tushunchalarning muhim ahamiyati bor. Inson shaxs sifatida shakllandimi, endi u oilaga va jamiyatga xoh iqtisodiy, xoh ma'naviy jihatdan bo'lsin foydasi tegishini o'ylab sa'y-harakatlarni qilishi lozim. Ayniqsa, shaxs oilali bo'lganida oila iqtisodiy qudratini mustahkamlash asosiy vazifa bo'lishi kerak. Oila byudjetini mustahkamlash va sarflashda quyidagilarga e'tibor berib borish zarur:

oilaviy ehtiyoj;

oilaviy orzu-havas;

oila ravnaqini o'ylash va shu kabilar.

Bunda oilaviy ehtiyoj zarur, uni bajarishga harakat qilish kerak. Oilaviy orzu-havas, oila ravnaqi uchun imkoniyat darajasida harakat qilish lozim. Demak, iqtisodiy tarbiyani oiladan boshlash talab qilinadi. Bu orqali oilasiga va qolaversa, shaxsan o'ziga tegishli bo'lgan imkoniyat hamda ne'matlarning qadr-qimmatiga yetishga erishiladi. Bu borada Farobiyning "Inson o'z mablag'ini sarflashni bilishi kerak. Pul sarflashda qizg'anchilik qilish xasislikka olib keladi. Pullarni rejasiz ishlatish esa insonni beboshlikka yetaklaydi", degan fikri o'rinlidir. Tarixiy voqealardan foydalanish iqtisodiy tarbiya berishning samaradorligini oshiradi va talaba yoshlar ma'naviyatini yuksaltirishga yordam beradi.]

Iqtisodiy tarbiyaning asosiy maqsadiga bir qator vazifalarni hal etish natijasida erishish mumkin. Bu vazifalarning asosiylari quyidagilardan iborat:

-o'quvchilarda iqtisodiy ongni izchillik bilan rivojlantirib borish;

-Ularni moddiy imkoniyatlar bilan taqqoslash qobiliyatini shakllantirish.

Oila iqtisodiy, byudjeti, daromadini rejali sarflash, kundalik xarajatga, zarur buyumlarga pul ajratish, bir necha yildan so'ng olinadigan narsalarga mablag' yig'ish, tejamli ro'zg'or yuritish er-xotinning katta tajriba, malakaga ega bo'lishiga bog'liq. Shuningdek, oilada o'sayotgan farzand ham mana shu malaka va ko'nikmalarga ega bo'lib borishi zarurligini unutmagan holda o'g'il- qizlarga iqtisodiy masalalarni hal etishni o'rgata borish lozim. Bunday noxush holatlarning oldini olish maqsadida moddiy qiyinchiliklar tufayli hosil bo'ladigan muammolarni bartaraf etishda odamlarga psixologik yordam ko'rsatish lozim.

    Xulosa qilib aytganda, oilada bolalarga iqtisodiy tarbiya berish ularning hayotiy ko'nikmalarini, hamda menhnat tarbiyasi faoliyatining yanada yaxshilanishiga erishiladi.

OILADA FARZANDLARNI MA'NAVIY TAHDIDLARDAN HIMOYA QILISH

O'zbekiston Respublikasi Vazirlar Mahkamasining 78-F-sonli farmoyishi asosida resbulika miqyosida o'tkaziladigan ilmiy va ilmiy-texnik tadbirlar rejasiga binoan, "Mahalla va oila" ilmiy-tadqiqot institutida 2021-yil 30-sentabr kuni "Zamonaviy oilada, farzand tarbiyasida milliy va umuminsoniy qadriyatlarni shakllantirish masalalari" mavzusida resbulika ilmiy-amaliy anjumani o'tkazildi. Qadimdan bir ma'naviy ruhiy iqlimdan nafas olib kelgan xalqimizning, ayniqsa, bugungi ma'suliyatli davrda aql, zakovat va shijoat, dunyoviy salohiyat va milliy g'urur talab etiladigan bir pallada yana ham mehr-oqibatliroq bo'lishlari lozimligini hayotning o'zi taqozo qilmoqda.

Ayniqsa, shiddat bilan o'zgarib borayotgan hozirgi zamonda be'mani ta'sirlar ko'payib, ularning inson va jamiyat hayotida salbiy oqibatlari misli ko'rilmagan darajada kuchayib bormoqda. Ayni shu davrda oilaning jamiyatdagi o'rni juda muhimdir. Vatan tuprog'i oiladan boshlanadi. Farzandlarimizning axloqiy qiyofasiga salbiy ta'sir etadigan ba'zi noxushliklarni ota-onalar seza bilmog'i lozim. Farzandlar oilaviy axborot vositalari, matbuot, ilmiy anjuman yangiliklari, badiiy adabiyotlar turlaridan foydalanishlari uchun oilada kerakli shart-sharoit yaratsak, oiladagi muhit yanada yaxshilanadi. Har qanday jamiyatning ijtimoiy, iqtisodiy, madaniy taraqqiyoti bevosita uning ma'naviy- axloqiy negizlarining rivojlanishi bilan bog'liqdir. G'arb faylasufi Alber Shveyster: ,,Voqealikni shakllantiradigan kuchlar ichida birinchisi- ma'naviyat va axloq. Qolgan barchasi ozmi-ko'pmi ikkinchi darajali", degan edi. Insoniyat tarixiga, xususan, bugungi kunda globallashib borayotgan dunyoda sodir bo'layotgan voqealarga diqqat bilan nazar tashlansa, bu gaplarga qo'shilmaslikning iloji yo'q. Bugungi kunda internet tizimida yaratilgan ijtimoiy tarmoqlar o'zining ijobiy taraflari bilan bir qatorda yoshlar ma'naviyatiga o'zlarining salbiy oqibatlari bilan ta'sir o'tkazib kelmoqda. Bu tarmoqlarda mashhur san'atkorlarning o'zaro tortishuvlari, oilaviy shaxsiy hayotlarini yoiritib borishlari chegara bilmas darajaga chiqmoqda. Ularning chiroyli, moddiy, hashamatli hayotlarini, chet el sayohatlari-yu, yangi tug'ilgan farzandlarini ko'z-ko'z qilishlari oddiy fuqarolarning ayniqsa, yoshlarning ma'naviyatiga qay darajada salbiy ta'sir etayotganligini hatto o'ylab ham ko'rishmaydi. Aslida ular ma'naviyat-madaniyat vakillari sifatida boshqa amaliy ishlarini namuna qilib ko'rsatsalar yaxshi bo'lar edi. Masalan, shu kunlarda o'qigan badiiy asarlari yoki kinofilmlari, spektakllari haqida, yoki jamiyatimizdagi muhtoj oilalar yoki iqtidorli lekin sharoiti yaxshi bo'lmagan yoshlarni qo'llab-quvvatlashlari haqida ma'lumot berib, yoritsalar milliy qadriyatlarimizning davomchisi, targ'ibotchisi bo'lishlari mumkin edi. Biroq ma'naviyatga ta'sir etuvchi madaniyatimizda uchrayotgan ayrim kamchiliklar dilni xira qiladi. Bunga G'arbning nima aloqasi bor, dersiz. Buni telivideniya, radio, matbuot, turli mavzu va mazmundagi kinolar, qo'shiqlar, ulrga ishlangan turli darajadagi kliplar zanglatyapti. Yurtboshimiz Shavkat Mirziyoyev yoshlar tarbiyasi butun millat oldidagi ulkan ma'suliyatlivazifa ekanligini ta'kidlab: „Agar farzandimizga to'g'ri tarbiya bermasak, har kuni har daqiqada uning yurish-turishi, kayfiyatidan ogoh bo'lib turmasak, ularni ilm-u hunarga o'gatmasak, munosib ish topib bermasak, bu omonatni boy berib qo'yishimiz hech gap emas" deya ta'kidlaydilar.

Shuni alohida ta'kidlash lozimki, mafkuraviy tahdidlarning o'ta xavfli jihati u, birinchi navbatda jamiyatning ma'naviy sohasini buzib tashlashga yo'naltirilgan. „Ommaviy madaniyat" degan niqob ostidagi axloqiy buzuqlik va zo'ravonlik, individualizm, egotsentrizm g'oyalarini tarqatish, kerak bo'lsa, shuning hisobidan boylik orttirish, boshqa xalqlarning necha ming yillik an'ana va qadriyatlari, turmush tarzining ma'naviy negizlariga, bepisandlik, ularni qo'porishga qaratilgan xatarli tahdidlar yurtning taraqqiyoti, vatanning ravnaqini o'ylagan har bir fuqaroni tashvishga solmasdan qo'ymaydi.

Afsuski, ko'p hollarda yosh avlod tomonidan qabul qilinayotgan xabarlar va ma'lumotlar ularning ma'naviy axloqiy qiyofasiga salbiy ta'sir ko'rsatadi. Axborot xurujlarining asosiy ta'sir qurollaridan biri „Ommaviy madaniyat" bo'lib, bugungi yoshlarimizning xulq-atvorida aynan uning kuchli ta'sirini kuzatmoqdamiz.

Xulosa qilib aytganda, bugungi yosh avlodni ma'naviy tahdidlardan himoya qilish, ularning dunyoqarashini to'g'ri shakllantirish, nafaqat oilaning, balki, butun bir jamiyatimizning burchi va vazifasi hisoblanadi.

TARBIYADA OILAVIY MUHITNING O'RNI

Bolajon xalqmiz. Topgan-tutganimizni farzandlarimizdan ayamaymiz. Ularning sog'lom, ma'naviyatli, oqil va dono bo'lib ulg'ayishi, jamiyatga naf keltiradigan insonlar bo'lishi uchun yelib-yuguramiz. Bu xalqimizga xos fazilatdir.

Farzandga g'amxo'rlik qilish, uning hech kimdan kam bo'lmay ulg'ayishi uchun harakat qilishning nimasi yomon. To'g'riku-ya, ammo ba'zi oilalarda bu g'amxo'rlik bir yoqlama, ya'ni faqat moddiy ta'minotiga e'tibor qaratilishi bilan namoyon bo'lmoqda. Eng yomoni esa, ayrim ota-onalar oiladagi to'kislik, ta'minot a'lo darajada ekanidan xotirjam yurishadi, bolamning usti but, qorni to'q, ta'minoti risoladagidek deb, tarbiyaning ma'naviy jihatlariga e'tibor qaratmaydilar. Vaholanki, bola tarbiyasida oiladagi ma'naviy muhitning o'rni ko'proq ahamiyat kasb etadi. Saboq berayotgan o'quvchilarimning ota-onalari turfa kasb egalari. Bu tabiiy, biroq ularning ma'naviy dunyoqarashlari ham turfa ekanligi meni o'ylantiradi. Suhbat jarayonida shuni anglab yetamanki, ular tarbiyada oʻqituvchi muhim rol oʻynaydi, biz ota-onalar farzandlarimizning kiyimini, kitobini, daftar-qalamini taminlab tursak, bas, deya fikrlashadi. Bunday ota-onlarga oʻzingiz oxirgi marta qaysi kitobni oʻqidingiz, bolangizning dars tayyorlashini qachon nazorat qilib, koʻmaklashgansiz, unga qanday ibratli hiukoyatlarni aytib bergansiz, qanday kitoblarni olib beryapsiz, deya soʻrashning oʻzi ortiqcha.

Toʻgʻri, bola maktabda taʼlim olish bilan bilan tarbiya ham koʻradi. Ilm dargohlarida yosh avlod har tomonl;ama mukammal bilim va salohiyat egasi boʻlib ulgʻayishi lozim. Bu borada davlatimiz tomonidan katta gʻamxoʻrlik koʻrsatilmoqda.

Tarbiya borasida qilingan bir xatoning taʼsiri bir umr taʼqib etishi mumkin. Oʻqituvchisiga hurmatsizlik bilan gapirayotgan bola ertaga ota-onasiga shu nmunosabatni qilmasligiga kim kafolat beradi?

Milliy anʼ ana va qadriyatlarimiz, hurmat, izzat tyushunchalari jamiki axloqiy fazilatlar bu yoʻlda bizga yaxshi hamroh boʻlishi, shubhasiz.

Farzand tarbiyasi juda murakkab va

ma'suliyatli vazifa. Bu vazifa yurt taraqqiyoti, mamlakat kelajagiga daxldor ekanini sira yoddan chiqarmaslik kerak. Tarbiyada mana shu ikki olam uygʻunligi ta'minlansa, katta muvaffaqiyatlarga erishilishi ayni haqiqat.

Bolani tarbiyalsh juda murakkab va ma'suliyatli jarayon. Bu har bir ota-onadan muntazam ravishda oʻz ustida ishlashini, farzandlarining ta'lim-tarbiyasi bilan bogʻliq barcha ma'lumotlarda xabardor boʻlishini talab qiladi. -Har bir insonda beshikdan to qabrgacha oʻrganish qobiliyati boʻlsa-da, uni bolalikdan tarbiyalash samaraliroq va muhimroqdir, -deydi Abdurauf Fitrat. Har bir ota-ona buni yodda tutishi kerak.

Ayniqsa, bugungi globallashuv davrida xalqimizning oʻziga xos va dolzarb milliy-diniy qadriyatlarga asoslangan ta'lim-tarbiya sohasidagi azaliy an'analari ,,ommaviy madaniyat" ta'sirida oʻzining asl mohiyatini yoʻqatayotgani barchamizni tashvishga solmoqda.

Hozirgi kunda ayrim yoshlarning xulq-atvori, ayniqsa, kiyinish tarzi savollar tugʻdirmoqda. Kiyinish madaniyati va xalqimizning azaliy qadriyatlariga hurmat asosida tarbiyalash muhim vazifalardan biridir.

Oila jamiyatning tayanchi. Farzandlarimiz ongida el-u yurtga, Vatanga muhabbat tuyg'ulari oilada, yashab turgan mahallada shakllanadi. Mamlakatning ertanggi kuni, tinchi va obod bo'lishi eng oldin mana shu kichik jamiyatda o'sib-unayotgan bolalarimizga bog'liq. Qaysi oilada, qaysi mahallada tarbiya yaxshi yo'lga qo'yilar ekan, o'sha oila, o'sha mahalla gullab-yashnaydi. Farzand tarbiyasini qachondan boshlamoq kerak?, degan savol ko'pchilikni o'ylantiradi. Ko'pchilik olimlar unga turlicha javob berib kelganlar. Xususan, Ibn Sino bola tarbiyasi bilan uning tug'ilishidan avvalroq, ona qornidan boshlaboq shug'ullanish lozim deb javob bergan.

Oila odob-axloq va ta'lim-tarbiyaga e'tibor qon-qonimizga singib ketgan burchlarimizdandir. „Bir bolaga yetti qo'shni ota-ona" degan ibratli maqol ham aynan xalqimizga xos. Mana shu maqolning o'zi ham farzand tarbiyasi, oilaparvarlik biz uchun nechog'lik muhim ekanini bildiradi. Mahalla ahli, ayniqsa, keksalar ko'chada nobop ish qilayotgan bola oldidan hech qachon beparvo o'tib ketmagan, shu zahotiyoq tanbeh berib to'g'ri yo'lga chaqirgan.

Zero, har tomonlama chiroyli, odobli, go'zal xulqli bo'lish, nafsni poklashga buyruq beruvchi muqaddas dinimiz oilaga katta ahamiyat beradi. Oiladagi muhit ota-ona o'z ma'suliyatlarini his qilishi bilan barqaror bo'ladi. Farzand tarbiyalayotgan ota-ona har bir harakati, yurish-turishi, muomalasi, boshqalar bilan o'zaro munosabatida oliyjanob fazilatlarni namoyon eta bilishi kerak. Chunki bola tabiatan nihoyatda taqlidchan va kuzatuvchan bo'ladi. Shuning uchun uning atrofidagilari o'z odatlari bilan ba'zan o'zlari sezmagan holda ularga ta'sir qiladilar. Oiladagi qo'pol munosabatlar, ko'p yolg'on gapirish, yoqimsiz xatti-harakat bola tarbiyasiga salbiy ta'sir qiladigan nosog'lom muhitni keltirib chiqaradi.

FOYDALANILGAN ADABIYOTLAR RO'YXATI:

1. Pedagogika (pedagogika nazariyasi va tarixi): O'qituvchilar tayyorlash va pedagogika fani ta'lim sohasi bakalavriat yo'nalishi uchun darslik/ M.X.Toxtaxodjayeva, S. Nishonova, N. Sayidahmedov; O'zbekiston Respublikasi Oliy va o'rta maxsus ta'lim vazirligi. - Toshkent: "O'zbekiston faylasuflari milliy jamiyati" nashriyoti, 2010. - 400 b.
2. http://genderi.org>mavzu
3. https://cyberleninka.ru>oil...
4. https://www:in-academy.uz>download
5. uz.wikipedia.org/Oila_tarbiyasi.
6. Jamoa. Oila pedagogikasi. T., "Aloqachi", 2007, 384 bet
7. H. Abdukarimov, Ya. Nurumbekova. Oila pedagogikasi O'quv - uslubiy majmua. - Guliston: 2017. - 296 bet.

8. https:// ecoedu.uz >problem
9. Sharifzoda, S.O'., Xudoynazarov, E.M. Pedagogika nazariyasi [Matn] : o'quv qo'llanma / S.O'. Sharifzoda, E.M.Xudoynazarov. - Toshkent: Mahalla va Oila, 2022. - 288 b.
10. Umumiy pedagogika. - Toshkent .: "Инновацион ривожланиш нашриёт-матбаа уйи", 2020, 528 bet.
11. H.Abdukarimov, Ya.Nurumbekova.Oila pedagogikasi O'quv-uslubiy majmua.-Guliston:2017.-296bet
12. Umumiy pedagogika[Matn]:darslik/M.S.Salayeva.-Toshkent: Nodirabegim, 2021.-592b.
13. Pedagogika(pedagogika nazariyasi va tarixi).Oliy o'quv yurtlari uchun darslik.J.Hasanboyev va boshqalar.O'zR Oliy va o'rta .maxsus ta'lim vazirligi.-Toshkent."Noshir",2011.448b.
14. htpps://cyberleninka.ru>article

15. Mirziyoyev.Sh.M. Milliy taraqqiyot yoʻlimizni qat'iyat bilan davom ettirib, yangi bosqichga koʻtaramiz.-Toshkent"Oʻzbekiston"-NMIY,2018. -88-89b.
16. parlament.gov.uz/articles/1676
17. https://cyberleninka.ru>article
18. Оилада фарзанд тарбияси/Усомонхон Алимов; масул мухаррир:шайх Абдулазиз Мансур.-Тошкент:"Мовароуннахр" 2014.-456б:
19. Jamoa.Oila pedagogikasi.T.," Aloqachi", 2007
20. M. Imamova.Oilalarda bolalarning ma'naviy-axloqiy tarbiyasi -T."Oʻqituvchi".1999
21. R.Mavlonova, B.Normurodova, N.Rahmonqulova, "Tarbiyaviy ishlar metodikasi" oʻquv qoʻllanma, Oʻzbekiston Respublikasi Oliy va oʻrta maxsus ta'lim vazirligi, Toshkent: "Tib kitob" nashriyoti, 210. 216bet.
22. https://znedo.org>records
23. http://www.genderi.org>
24. Umumiy pedagogika. -Toshkent.: " Инновацион

ривожланиш нашриёт-матбаа уйи", 2020. 528 bet.

25. R.MAVLONOVA, O.TO'RAYEVA, K.XOLIQBERDIYEV PEDAGOGIKA "O'QITUVCHI" NASHRIYOT MATBAA IJODIY UYI TOSSHKENT-2008
26. Cyberleninka.ru/article/n/ oila-iqtisodi-muammolari
27. https://api.moiti.uz>media>book
28. https://cyberleninka.ru>ma...
29. https://znedo.org> records
30. https://publications.hse.ru>pubs>share>direct
31. B.S.Axmadaliyev,O'.N.Farmonov/Tarbiyaviy ishlar metodikasi/O'quv qo'llanma.- Toshkent: "Booktrade 2022", -248bet
32. https://iiau.uz>news
33. https//regions.uz>detail
34. https://www.in - academy.uz>...
35. https://uz.wikipedia. org>wiki>O...

www.ingramcontent.com/pod-product-compliance
Lightning Source LLC
LaVergne TN
LVHW021229080526
838199LV00089B/5977